STRING THEORY
TEORÍA DE CUERDAS

CARDBOARD HOUSE PRESS
www.cardboardhousepress.org
cardboardhousepress@gmail.com

String Theory / Teoría de cuerdas
Originally published in Spanish in 2023 by Vaso Roto
Copyright © 2025 Karen Villeda
English translation © 2025 Gerónimo Sarmiento Cruz, Whitney Celeste DeVos, and Zane Koss
Designed by Mutandis

First Edition, 2025
Printed in the United States of America
ISBN 978-1-945720-34-5
All rights reserved

The publication of this book was made possible in part by grants from the **National Association of Latino Arts and Cultures** and the **Poetry Foundation.**

STRING THEORY
TEORÍA DE CUERDAS

KAREN VILLEDA

TRANSLATED FROM THE SPANISH BY NAFTA

TRANSLATORS' NOTE

Karen Villeda's *String Theory* is a long autobiographical poem that explores the death of a family member through the intimacy of kinship and a shared name: the death of the poet's aunt, also named Karen, within a few weeks of the author's birth. A crucial ambiguity at the heart of this exploration is whether the aunt's death by hanging was a suicide or a murder, and whether that distinction can truly be made in a context of recurrent gender-based violence. Despite the poet's investigations—which this book documents, including interviews with family members and archival research—the question remains unanswered and unanswerable.

In *Teoría de cuerdas*, which won the National Literature Award Gilberto Owen in 2018, Villeda strips language to its most naked, aiming to probe what her first mentor, Mexican poet Elsa Cross, describes as "the true test of a poem." Villeda's writing draws on both Anglophone and Latin American literary traditions, displaying interests and styles akin to those of Adrienne Rich, Virginia Woolf, Emily Dickinson, Anne Carson, and Maggie Nelson, as well as those of Sor Juana, Elena Garro, and María Negroni, yet processed through a post-conceptual poetics that uses the (supposedly) objective voice of dictionaries and scientific writing to approach her familial trauma obliquely. In *String Theory*, Villeda engages with suicide through a confessional mode evocative both of Sylvia Plath and Alejandra Pizarnik, balancing the proximity of kinship with the distance and estrangement that suicide occasions. *String Theory* is an exercise in directness and vulnerability: "'You will base all your actions on melancholy,' they told her when they read her palm," comments the poem's speaker, rehearsing causes and diagnoses for an ultimately inexplicable event.

At the same time, the poem hinges on the very real possibility that the elder Karen's demise was not the result of suicide, but an unprovable femicide without any apparent leads. All we have is hearsay, its own sort of device and refrain throughout. In one of the most memorable passages, Villeda includes a number of unmarked citations of dialogue that make use of two verbs of the same stem that refer to hanging: "ahorcar," and "ahorcarse." In the reflexive, the latter means "to hang oneself" or "to strangle oneself," while "ahorcar" without the reflexive "se" means "to execute by hanging." While the majority of the manuscript tends to use the more general "colgar" ("to hang"), which can refer as much to a noose as to a picture on a wall, the usage of "ahorcar/se" in this particular moment underscores the ways those surviving Karen try to negotiate the ultimate uncertainty of the act. Was Karen's death an execution, a crime against women? Or a moment of self-volition realized? A choice to opt out of the remaining years of a lifetime structured by quotidian patriarchal violence? As Villeda delves into the dynamics of an existence constructed by ambient and overt violence, *String Theory* addresses the ineffability of death through an obstinate language that ultimately affirms life: "How to materialize a death? / How to say no to a dead woman? But yes."

    The poem grapples with the anguish, fear, and melancholia that pushes someone to end their life—and a national context defined by femicide—as it traces the echoes and ripples that the elder Karen's death leaves on those close to the deceased, particularly as they attempt to understand the event. It is this explanatory pursuit, this attempt at coming to terms with this death, that Villeda's book develops into a theory: *Teoría de cuerdas*. In physics, string theory is a theoretical framework that attempts to explain all forces and matter through the existence of vibrating, one-dimensional objects called "strings." *Teoría de cuerdas* proposes its own string theory, an alternate yet equally incomplete candidate for a "theory of everything," in which the events, objects, discourse, and facts surrounding the author's aunt's death collide and, in so doing, construct an unknowable present. In our translation, *String Theory* conveys the same search for an explanation while retaining its synonymous referent from physics.

    String Theory loses, however, the specific polysemy that the word "cuerda" holds in Spanish, which assumes different names in English: string, rope, cord, thread. Throughout our translation, we have weighed the merits of evoking the overarching string theory that the book develops by prioritizing "string" against the particularities that a given passage requires to retain relevant connotations in English with "string," "rope," "cord," or "thread." Ultimately, we believe that the translation works through the similarity of the mental images that these different words elicit as a substitute for the polysemy upon which the Spanish hinges. Nonetheless, the knowledge of this ambiguity is essential before embarking on a reading of the English text.

From another approach, "cuerdo," "cuerda," and the gender-neutral "cuerde" in their adjectival forms colloquially refer to the quality of being "sane," "rational," or "sensible." One possible interpretation of the book's title, then, is that *String Theory* comprises a theory that attempts to explain, rationalize, and make sense of an event in ways that constantly elude them.

    The differing characteristics of pronouns in English and Spanish have similarly required both an elision and insertion of ambiguity that differs at times from the poem in Spanish. In some instances where the referent could equally refer to it, her, or him, for example, we have chosen to amplify Villeda's ironic play with dehumanizing uses of language that refuse to portray a woman as a subject by retaining the objecthood of "it." In other instances, we've had to make a conclusive determination as to whether the antecedent is "she" (the deceased aunt) or "it" (a concept or action). We've done so in accordance with our own interpretive abilities and with input from the author.

Para mi tía Karen,
para mi madre Iris,
para mi abuela Lourdes
y para una hija
a la que llamaré Futuro.

For my aunt Karen,
for my mother Iris,
for my grandmother Lourdes
and for a daughter
whom I will name Future.

PRIMERA PARTE

PART I

Acerca la cuerda

a algo o a la distancia de algo,

ese algo y la distancia de alguien, alguien ensimismándose en algo,

algo que se está apretando

contra alguien o algo

o ella o lo que *se cuelga de ti*, algo, alguien. Tampoco un recuerdo,

aunque su rapidez

es de alguien,

acaso alguien y ella, ella de improviso o algo que se pierde entre

una cuerda: alguien

que es algo.

Bring the rope closer

to something or to the distance of something,

that something and the distance of someone, someone loses themself in something

something being pressed

against someone or something

or her or that which *hangs from you*, something, someone. Neither a memory

though its speed

belongs to someone,

perhaps someone and her, her without warning or something that is lost among

a rope: someone

that is something.

1. A ella la encontraron con una maraña de sus rizos entre los dedos.
2. Algo o la distancia de algo. Alguien y una cuerda y, y, y unos dedos que la prueban. Su materialidad ni tan única.
3. Un pinche conjunto de hilos o algo.
4. Algo y alguien buscan una definición. "Los hilos formaron un solo cuerpo con ella".
5. Fue tan flexible esa cuerda. Se ataría y "es como si estuvieran tocando la puerta donde ella se ahorcó".
6. "Una cuerda también sirve para jugar". También sirve para atarla a ella, para suspender su peso. Salta y resalta.
7. Es un hilo también. Hay un sonido que se produce por vibración. ¿Cómo habrá sonado ella en lo último?
8. Esto es lo que dice un diccionario: "f. En los relojes de péndulo, cada una de las cuerdas o cadenas que sostienen las pesas".
9. Una cuerda es una sucesión.
10. Una cuerda también es una medida. Y una talla. Y un conjunto de personas: cuando decimos que "son de la misma cuerda". ¿Y ella?
11. Algo y alguien, ella y su cuerda. O una línea de arranque.
12. El mismo repertorio señala lo siguiente: "f. Fís. Objeto unidimensional básico en la teoría de cuerdas".
13. Todo es femenino hasta ese segmento recto que la unió a ella con la muerte.
14. No quiero hablar de la música. Escribir aquí "instrumentos de cuerda" es un lugar común. *Pero es que ella se la pasó cantando esa canción un día antes.*
15. Una cuerda también puede ser un tendón. O un nervio. O un ligamento. O algo. Algo que la mató.
16. "Ella le dio cuerda".
17. ¿Cuál de todas las cuerdas elegiría? Una cuerda de presos. Cuerda dorsal o el notocordio. Una cuerda falsa. En cuerda floja. Una cuerda sin fin. Cuerda vocal. Tormento de cuerda. Trato de cuerda también. Bajo cuerda. Contra las cuerdas. Echar una cuerda contra ella misma. Una cuerda sin cordura.
18. Algo, alguien y algo como simplemente una cuerda.
19. Un pinche conjunto de hilos que la mató.

1. She was found with a tangle of her curls between her fingers.
2. Something or the distance of something. Someone and a rope, and, and, and some fingers probing her. Her materiality not even that unique.
3. A fucking bundle of threads or something.
4. Something and someone searches for a definition. "The threads were one with her body."
5. That rope was so flexible. She would tie herself up and "it's as if they were knocking on the door where she hanged herself."
6. "A rope can also be used to play." It can also be used to tie her up, to suspend her weight. She leaps, steps off and stands out.
7. It is also a string. There is a sound it produces by vibrating. How did she sound at the end?
8. This is what a dictionary says: "In grandfather clocks, each of the cords or chains that hold the weights."
9. A string is a succession.
10. A string is also a measure. And a size. And a collection of people: when we say that "they are cut from the same cloth." And her?
11. Something and someone, her and her rope. Or a spring line.
12. The same dictionary notes the following: "Phys. Basic unidimensional object in string theory."
13. Everything is feminine down to that straight segment which joined her with death.
14. I don't want to talk about music. To write "string instruments" here is commonplace. *But she was singing that song the day before.*
15. A cord can also be a tendon. Or a nerve. Or a ligament. Or something. Something that killed her.
16. "She wound it up."
17. Which of these strings would she choose? A string of prisoners. Spinal cord or notochord. A false string. A tightrope. An infinite string. Vocal cord. Strappado. To treat her as if she wasn't high strung. Strung out. Against the ropes. To string her along. At loose ends.
18. Something, someone and something as just a string.
19. A fucking bundle of threads that killed her.

"Ella nació un 19 de agosto de 1962. O 1963, no recuerdo".

"Se colgó".

"Que la encontraron con los cabellos arrancados".

"¿Ya muerta?".

"Dicen que se arrepintió".

"She was born on August 19, 1962. Or 1963, I don't remember."

"She hanged herself."

"That she was found with her hair torn out."

"Already dead?"

"They say she regretted it."

Algo o la distancia de ella.

¿De ella?

De la cuerda.

¿Entonces?

Algo es lo que nos lleva a creer que había algo más en ella. Algo más, sí.

Algo como un instante no sometido.

Algo como una expectativa.

Algo como ella que era algo y no esa cuerda.

Algo y no un cuerpo enterrado

(tan lejos de la cripta familiar *porque hay muertos de los que no debemos hablar*).

Algo como ella que es algo y no este sentido lúcido.

Algo como esta sensatez y su posterior derrota.

Juego entonces con las horas de su nacimiento y me enfoco en la fecha.

¿Un destino que sería diferente?

Algo persiste. Algo que es alguien.

Una parsimonia de manos. *Una muertita.*

Los dedos degustando la cuerda. *Dicen que.*

Lo que habría sido ella. Lo que habría sido de ella.

Something or her distance.

Of hers?

Of the rope?

So?

Something is what leads us to believe there was something more in her. Something more, yes.

Something like an instant unrestrained.

Something like an expectation.

Something like her that was something and not that rope.

Something and not a buried body.

(so far from the family crypt *because there are dead about whom we must not speak*).

Something like her that is something and not this lucid sense.

Something like this sanity and its subsequent defeat.

I play with the time of her birth and focus on the date.

A fate that might be different?

Something persists. Something that is someone.

A parsimony of hands. *A dead little girl.*

The fingers savoring the rope. *They say that.*

What she would have been. What would have become of her.

Cómo es que esa cuerda se le fue.
Se le fue de las manos.

Para hablar de ella y, y, y la cuerda,
haces una teoría de las emociones:
No hablaba con ella.
Tampoco de ella.
¿Cómo eres tú en relación
a lo que presentas de ella?
Nuestros padres estaban impedidos para relacionarnos.
Su tez era distinta.
Sus maneras también.
Ella en general.

Sigue viva (una suposición). Sigue tan viva. Una suspicacia. Nervios en reposo.
Algo, entonces. Un alguien. Alguien. La esperanza es un lugar despiadado. Pero le colocan tierra. Tanta tierra.
La colocan (verbo, ella) sobre la tumba. Era también una lesión futura.
Una incomodidad marcada.
Yo crecí con su nombre.
Me llaman y se me desprende la retina
porque ella cuelga de mí.
Ella es una de lo que yo pude haber sido.
A los dos meses de mi nacimiento, ella murió.

How is it that the rope got away from her.

It got out of hand.

In order to speak of her and, and, and the rope,

you come up with a theory of the emotions:

He wasn't speaking to her

Nor about her.

What are you like in relation

to what you reveal about her?

Our parents kept us from relating.

Her complexion was different.

Her manners, too.

Her in general.

She's still alive (a supposition). Still so alive. A suspicion. Nerves in repose.

Something, then. A someone. Someone. Hope is a ruthless place. But they placed dirt on her. So much dirt.

They place (verb, her) on the tomb. It was also a future lesion.

A marked discomfort.

I grew up with her name.

They call me and my retina detaches

because she is hanging from me.

She is one of whom I could have been.

Two months after my birth, she died.

Antes de que yo naciera, mi madre le preguntó lo siguiente:
"¿Le puedo poner tu nombre?".
Ella dijo que sí.

¿Quién atentaría contra sí?
¿Y contra mí?

Alguien recuperó los diarios.
Los primeros años no están a nuestro alcance. Nadie la recuerda ya del todo.

Las memorias se han falseado.
Los culpables son los que pueden,
pueden inventarla a ella.

"Tal vez la expulsaron de la infancia como a ti".
Eras una niña. No algo, ni alguien.
Esa niña hace una deferencia.
Un gesto inocuo (por no decir, casi apto), falsamente estúpido,
para tener que sobrevivir
a las mentiras de la familia.
"Esto también está para morirse".

Es de ahí que deviene el hambre (esta hambre feroz). Estas cosas son algo.

Before I was born, my mother asked her the following:

"Can I give her your name?"

She said yes.

Who would threaten her?

And threaten me?

Someone recovered the diaries.

The first years aren't within our reach. Nobody fully remembers her anymore.

The memories have been falsified.

Those at fault are able,

able to invent her.

"Perhaps they cast her out of childhood like they did to you."

You were a girl. Not something, nor someone.

That child, then, pays her respects.

An innocuous gesture (not to say, almost apt), falsely stupid,

necessary to survive

the lies of the family.

"This is also to die for."

It's from there whence the hunger becomes (this ferocious hunger). These things are something.

"Ella no estaba".

"Ella no era".

Se fue, pero no fue aquí.

"Y es que para lo que hizo ella hay que rezar muchísimo o terminan en el purgatorio [los suicidas]".

Pero sí. Sí era una contradicción.

Decir un "sí".

La voz debilitándose.

"Di mi nombre". "Di que eres ella". Esa locura de matarse.

Esa locura es para matarse.

"Dicen que la encontraron muerta".

"Dicen muchas cosas que no son ciertas".

"She wasn't there."

"She wasn't."

She left, but it wasn't here.

"And it's because what she did requires a lot of praying, otherwise they end up in purgatory [the suicides]."

But yes. It was a contradiction.

To say "yes."

The voice growing faint.

"Say my name." "Say you are her." That madness of killing yourself.

That madness is to kill yourself.

"They say she was dead when they found her."

"They say a lot of things that aren't true."

A veces, la rabia es elemental. *No.* Hay una ira sofisticada. Una elaboración de las emociones que no puede deslindarse de lo maniobrado, lo pensado por ella. Ella quiere ser primitiva, pero piensa demasiado en sí misma. ¿Quién era entonces? *No.* Este libro no te dará vida. Este libro no podrá devolvernos a ese sitio de ráfagas y descontentos. Este libro no remojará tu nombre. Este libro no te levantará de la tumba. Este libro no te sedimentará más. Este libro no te recreará. Este libro no te hará escapar de la angustia. Este libro no es para ti. Este libro no es. Este libro no. *No.* ¿Cuánto nos cuesta llevar a término una idea? ¿Cuánto nos cuesta terminar? "No dejes las cosas a medias", me dijeron. Una resonancia en mi cabeza. Una exasperación. *La estás interrumpiendo.* "La melancolía es la dicha de estar triste". Es una melancolía para los buenos. "Para los ángeles como ella que te están viendo desde el cielo". Y tú y, y una tristeza sin causa. ¿La tristeza debe tener una lágrima? No hay lágrimas más desperdiciadas que las tuyas. *No.* "Escribirlo es derrotarla". Reviso sus diarios. Una serie de anotaciones llaman mi atención. Están fechados en octubre. Es un recuento de lágrimas. O de lo que quisieran llamar así. De esa manera para justificarse entre todos. *No.*

¿Cómo materializar una muerte?

¿Cómo decirle que no a una muerta? Pero sí.

At times, rage is elemental. *No*. There's a sophisticated ire. An elaboration of the emotions inseparable from what's maneuvered, what's thought by her. She wants to be primitive, but thinks too much about herself. Who was she then? *No*. This book will not give you life. This book will not bring us back to that scene of gusts and unrest. This book will not dampen your name. This book will not raise you from the grave. This book will sediment you no longer. This book will not recreate you. This book will not free you from anguish. This book is not for you. This book is not. This book no. *No*. How much does it cost us to carry out an idea to its end? How much does it cost us to finish? "Don't leave things half done," they told me. An echo in my head. An exasperation. *You are interrupting her*. "Melancholy is the bliss of being sad." It is a melancholy for the well-behaved. "For the angels, like her, who watch you from heaven." And you and, and a sadness without cause. Must sadness shed a tear? There are no tears more wasted than yours. *No*. "To write it is to vanquish her." I go over her diaries. A series of annotations calls my attention. They are dated October. It's a recounting of tears. Or of whatever they want to call it. So as to justify themselves to each other. *No*.

How to materialize a death?

How to say no to a dead woman? But yes.

Esta niña se asoma al precipicio. Le causa fascinación. Encuentra que la muerte es un proceso etéreo. Encuentra que la desaparición es lo que causa furor. *No, no repitas lo que encuentra. Cambia entonces la historia.* Esta niña se reimagina como un saco de huesos, callada, desdentada. El cabello le crece hasta enredarse en los tobillos (hueso sacro), donde se unen el pie y la pierna. Tal vez el único lugar que no ha sido profanado. Ella cava su propia tumba. *Te lo tienes que tomar con literalidad.*

This girl leans over the precipice. It fascinates her. She finds death an ethereal process. She finds disappearance is what causes fury. *No, don't repeat what she finds. Change the story then*. This girl reimagines herself as a sack of bones, quiet, toothless, hair growing to a tangle at her ankles (sacrum), where her leg meets her foot. Perhaps the only place that has not been desecrated. She digs her own grave. *You have to take it literally*.

"Basarás todos tus actos en lo melancólico", le dijeron cuando leyeron la palma de su mano.

"You will base all your actions on the melancholic," they told her when they read her palm.

1. El goce de la vida o el sufrimiento inaccesible de la muerte. ¿En qué sentido se desmontan en un texto como éste, que es sobre ella?
2. Ella tiene que escribir acerca de la romantización del suicidio en tres poetas mujeres y la amenaza latente en sí misma.
3. Dame tantita luz.
4. Ella siente desconfianza del trabajo. Rodeo. Vacilación. Sugerencias.
5. Dame tantita luz cristalina.
6. Lee entonces en una onceava página que "*more naked and brutal frontal attacks of her mature work*".
7. Pero no le hace falta precisión y oído. ¿Hay una serie de fuerzas oscuras? Ella, la anterior, intentó suicidarse a los diecinueve años. ¿Fue una ineficiencia? "Es una verdadera obscenidad lo que hizo".
8. Dame tantita luz cristalina y de rara elegancia.
9. De acuerdo a ciertas estadísticas (obviamente no son todas), somos demasiado mortales. Pero ella era más que demasiado mortal. Ella es más. Porque sigue aquí *colgada de mí.*
10. Heredé su nombre.
11. También heredé su sitio y los sitios. El asiento en una cocina, policromada, en una cocina, en los mosaicos blancos, en una cocina, unos callos, en una cocina, papaya con azúcar, en una cocina, ojos echados para atrás.
12. Me pregunto quién habrá limpiado la sangre que yo me imaginaba cruzar y si fue un trazo limpio o un destajo.
13. Dame tantita luz cristalina y de rara elegancia y, y, y la sangre de ella.
14. Escribe y no se entiende. "Escribe el libro negro de ti. El libro negro de tu individualidad".
15. Dame tantita luz cristalina y de rara elegancia y, y, y la sangre de ella que está en lo críptico.
16. Ni siquiera las dolencias se expresan de una manera directa. ¿Existirá una asertividad del dolor? ¿Un enfoque del duelo que sea novedoso? Un sentido clínico. "Pero es que estás hablando de autosuicidio". (Pleonasmo de la poeta que no existe).

1. The joy of life or the inaccessible suffering of death. In what sense are they deconstructed in a text like this one, which is about her?
2. She has to write about the romanticization of suicide in three women poets and the latent threat in herself.
3. Give me just a little light.
4. She distrusts work. Deflection. Vacillation. Suggestions.
5. Give me just a little crystalline light.
6. She then reads on an eleventh page that "*more naked and brutal frontal attacks of her mature work.*"
7. But she doesn't lack precision or hearing. Is there a series of dark forces? She, the former, tried to kill herself at nineteen. Was it incompetence? "It's truly obscene, what she did."
8. Give me just a little light, crystalline and of rare elegance.
9. According to certain statistics (obviously not all), we are too mortal. But she was more than too mortal. She is more. Because she's still here *hanging from me.*
10. I inherited her name.
11. I also inherited her place and the places. The seat in a kitchen, polychromatic, in a kitchen, on the white tiles, in a kitchen, some tripe, in a kitchen, papaya with sugar, in a kitchen, eyes rolled back.
12. I wonder who wiped clean that blood I was imagining myself stepping over and and if it was done in one clean stroke or in a rush.
13. Give me just a little light, crystalline and of rare elegance and, and, and that blood of hers.
14. She writes and it doesn't make sense. "She writes the black book of you. The black book of your individuality."
15. Give me just a little light, crystalline and of rare elegance and, and, and her blood, she who remains in the cryptic.
16. Not even her sorrows can be asserted directly. Does an assertiveness of pain exist? A novel approach to grief? A clinical sense. "But you are speaking of selfsuicide." (Pleonasm of the unreal woman poet).

17. Dame tantita luz cristalina y de rara elegancia y, y, y la sangre de ella que está en lo críptico y, y, y una pluralidad de dolores.
18. Dame tantita luz cristalina y de rara elegancia y, y, y la sangre de ella que está en lo críptico y, y, y una pluralidad de dolores. Dame un solo nombre, el suyo.
19. Dame.

17. Give me just a little light, crystalline and of rare elegance and, and, and the blood of she who is in the cryptic and, and, and a plurality of sorrows.
18. Give me just a little light, crystalline and of rare elegance and, and, and the blood of she who is in the cryptic and, and, and a plurality of sorrows. Give me a single name, hers.
19. Give me.

Él (que tuvo que identificar su cadáver) confiesa algo: "No me hablaba con mi hermana".

Ella murió a los veintitrés años.

Si la edad es una distancia, ¿entonces hay un algo?

Algo que es aquí, algo que requiere una acción.

Alguien que es ella. Mi ella. Algo, o su distancia.

El minuto se solidifica.

No.

El tiempo se solidifica en un minuto. No. Un minuto sólido. Eso es genuino.

Él cumple años el Día de la Prevención del Suicidio.

Él cumple años y ella en su tumba,

una hija muerta, una madre muerta, una hermana muerta, una ella muerta, un pasado muerto, un presente muerto, un futuro muerto, un algo muerto.

Alguien ha muerto.

He (who had to identify her body) confesses something: "I wasn't speaking to my sister."

She died at twenty-three.

If age is a distance, then is there a something?

Something that is here, something that requires an action.

Someone that is her. My her. Something, or her distance.

The minute solidifies.

No.

Time solidifies into a minute. No. A solid minute. That is genuine.

His birthday is on Suicide Prevention Day.

It's his birthday and she's in her grave,

a dead daughter, a dead mother, a dead sister, a dead she, a dead past, a dead present, a dead future, a dead something.

Someone has died.

"No puedo creer que él haya regresado. Trae en sus manos la memoria de ella. Un padre, dos padres. Un padre ausente. Una madre delirante. Una madre en el duelo. La cabecilla para el espanto. Podría figurar que es colgarse. Yo lo hubiera hecho también".

Nació un 19 de agosto. Yo hago las preguntas. Ellos me hablan de una carta astral. Yo la busco en línea. No hay rastro. Rehago las preguntas. Voy a los archivos. Nadie espera. Pero me estoy cargando. Nadie responde. Nadie tiene una pregunta, entonces. (Si es que acaso tienen alguna). Una isla negrísima o no. Un punto negrísimo. *No.* Reformular. Buscar su nombre en los navegadores. Darme cuenta de que aparece el mío, el apellido. Y que existe, en un perfil falseado. ¿Será una mala broma? Nació un 19 de agosto. Nadie quiere decir su nombre. Nadie quiere pronunciarlo porque es un rito peligroso. "Y si vuelve se va a colgar de ti y te llevará con ella".

Dicen su nombre todo el tiempo porque hablan de ti.
Pero me están llamando.
A mí.
Como si el nombre cambiara porque es mío.

"I can't believe he came back. He carries her memory in his hands. A father, two fathers. An absent father. A delirious mother. A mother in mourning. The ringleader of terror. It's easy to imagine hanging yourself. I'd have done it too."

Born on August 19. I pose the questions. They tell me about an astral chart. I search for her online. No trace. I rephrase the questions. I go to the archives. Nobody awaits. But I am steeling myself. Nobody responds. Nobody has a question, then. (If they even have any.) A very black island or no. A very black point. *No*. To reformulate. To search her name in the browsers. To realize that mine shows up, the surname. And that it exists, in a fake profile. Is it a bad joke? Born August 19. Nobody wants to say her name. Nobody wants to pronounce it because it is a dangerous rite. "And if she returns she'll hang herself from you and take you with her."

They say her name all the time because they're talking about you.
But they're calling me.
Me.
As if the name would change because it's mine.

Algo o alguien que se escuda,

que no reocupa,

que es un momento en blanco,

esa lámpara tardía, una juventud insospechada, espontánea.

Un vaso blanquísimo de plástico.

Un vaso que ha perdurado

y está decorando mi escritorio.

Algunas flores para la *muertita*. Le han dicho. La muertita.

Something or someone that shields itself,

that doesn't reoccupy,

that is a blank moment,

that late lamp, an unsuspecting youth, spontaneous.

An extremely white plastic cup.

A cup that has endured

and decorates my desk.

Some flowers for the *dead little girl*. They have called her this. The dead little girl.

Ella desapareció. No se tiene registro. Hablar con los hombres ensombrecidos. Hablar con las mujeres grisáceas. Hablar. Hablar así. Hablar, le dijeron.

¿Cómo nombran a esa mujer como alguien muerto? Algo es algo.

Es que el mundo debería terminarse.

Algo o alguien.

El mundo debería.

"Es que hay tantas cosas".

Algo y alguien.

She disappeared. There is no record. To speak with the shadowed men. To speak with the grayish women. To speak, to speak like that, speak they told her.

How can they name that woman after someone dead? It's better than nothing.

The thing is, the world should end.
Something or someone.
The world should.
"It's just that there are so many things."
Something and someone.

Se lo dijeron en terapia. "Es que no tiene que ponerle ese nombre". ¿Ahora cómo la llamarán? ¿Qué otro nombre le pondrán? Yo me pregunto si me hubieran dado más vida porque Karen es una resta.

They told her in therapy. "Well, you don't have to give her that name." What will they call her now? What other name will they use? I wonder if these other names would have given me more life because Karen is a subtraction.

La abuela ha muerto. Es distinto a cuando muere el padre de la suicida. Él no guardo la nota. Ni los periódicos. Ni nada. Nada de nada. Ella, la madre, estaba aferrada a una nota. Escrita en una hoja a raya ancha. "Papito, mamita, dios, perdónenme". Papito primero, mamá después. Todo antes que dios. Y ese dios en minúsculas. Por supuesto: *No sabe del todo qué dice la nota. Mamita o mamá.*

The grandmother has died. It's different from when her father dies. He didn't keep the note. Nor the newspaper clippings. Or anything. Nothing of anything. She, the mother, was clutching a note. Written on a wide-lined sheet. "Daddy, mommy, god, forgive me." Daddy first, mom after. Everything before god. And that god in lowercase. Of course: *He isn't entirely sure what the note says. Mommy or mom.*

"Un diablo bueno vive en mi cabeza". "Él me dice que deje".
"Porque es buenito".

Algo o su distancia de ella,

ella y yo, y, y, y

yo que tenía trece años cuando lo supe.

En realidad lo presentí. "Tú también te estás mintiendo".

Tenía quince años cuando alguien me dijo la verdad. No es que yo hubiera querido saberlo. Ni siquiera era necesario. Pero me lo dijeron. "Ella se mató".

Decir que se mató.

Pero ésa es una manera común de hablar cuando alguien pierde la vida.

Se mató, se mató la *muertita.*

"A good devil lives in my head." "He tells me to leave."
"Because he's a good little lad."

Something or the distance of her,

she and I, and, and, and

I who was thirteen when I found out.

I actually sensed it. "You're also lying to yourself."

I was fifteen when someone told me the truth. It's not that I would have wanted to know. It wasn't even necessary. But they told me. "She killed herself."
To say that she killed herself.
But that's a common way of talking when someone loses their life.
She killed herself, the *dead little girl*.

Ella tomó su propia vida el 17 de octubre. Ese día también está marcado en una fotografía. Él está nadando ahí. Es un río que todavía existe. Supongo que también estaba en los sueños de ella. O que ya ni siquiera existimos en esos sueños precisamente. "Pero es papá y papá es alguien".

She took her own life on October 17. That day is also captured in a photograph. He's swimming. That river still exists. I guess that was also in her dreams. Or that we no longer exist in those dreams, exactly. "But it's dad and dad is someone."

Ella no sabe la historia cuando escribe sobre ella. Cuando escribe sobre su vida:

Yo estaba enamorada de él. Era piloto. Surcamos los cielos juntos. Una concepción (vital o vitalicia). La vida de otra persona, la vida de una mujer que vas a vivir (vicariamente). Me gustaban sus patillas. Tenía una chamarra como la que usan todos los pilotos. Afelpada y me abrazaba con ella, pero no sentía sus manos.

"19 de agosto de 1962. O 1963, no recuerdo". "Todo se repite".
"Ya no". Yo no.

She doesn't know the story when she writes about her. When she writes about her life:
I was in love with him. He was a pilot. We furrowed the skies together. A conception (vital or lifelong). Someone else's life, the life of a woman you'll live (vicariously). I liked his sideburns. He had a jacket like the ones pilots wear. Shearling and he would hug me in it, but I couldn't feel his hands.

"August 19, 1962. Or 1963, I don't remember." "Everything repeats."
"Not anymore." Not me.

1. La vida no es imposible.
2. Simple y sencillamente es casi imposible de sobrellevar.
3. "Fue una calamidad".
4. Resulta que imprimieron un periodiquito. El titular: "Hija de político importante es asesinada".
5. Ella estudió psicología.
6. No dijeron nada de la nota.
7. Por otro lado, le decían que estaba en el purgatorio y, y, y yo pienso que es como si no hubiera expiado suficientes culpas.
8. Tú tienes que quedarte. ¿Por qué era una obligación?
9. "Te doy las gracias por quedarte".
10. ¿Qué estaba persiguiendo? ¿Quién la estaba persiguiendo?
11. Los culpables hablan de otras historias. Yo las apunto.
12. Ella era signo Leo.
13. Estoy pensando en ella. En su muerte.
14. "¿Para qué pensar sobre la muerte si ya estás muerta?
15. Alguien más pensará por ella.
16. Algo o alguien como un signo zodiacal: "Si hay una mujer para la que los atributos felinos se crearon esa es la mujer nativa del signo del león. Las mujeres nacidas bajo su influencia son un conglomerado de astucia, belleza y seducción. Emana de ellas una sensualidad que casi es una fuerza de la naturaleza. No aceptan un no como respuesta a sus demandas y esa es su fortaleza… Y su tragedia".
17. "Le encanta Fleurs de Rocaille de Caron".
18. Tienes que recuperar su historia.
19. Volver a contar como ella. No como algo, no como alguien. Como ella.

1. Life isn't impossible.
2. Plain and simple, it is near-impossible to endure.
3. "It was a calamity."
4. They published a third-rate newspaper. The headline: "Daughter of important politician murdered."
5. She studied psychology.
6. They didn't mention the note.
7. On the other hand, they'd tell her that she was in purgatory, and, and, and I think it's like she hadn't atoned enough.
8. You have to stay. Why was it an obligation?
9. "I thank you for staying."
10. What was she chasing? Who was chasing her?
11. Those at fault tell other stories. I write them down.
12. She was a Leo.
13. I'm thinking about her. About her death.
14. "Why think about death if you're dead already?"
15. Someone else will think in her place.
16. Something or someone as a Zodiac sign: "If there is a woman for whom feline attributes were created, it's the woman born under the sign of the lion. Women born under its influence are a mixture of cunning, beauty, and seduction. From them flows a sensuality that is almost a force of nature. They don't take no for an answer and this is their strength… and their tragedy."
17. "She loves Fleurs de Rocaille by Caron."
18. You have to reclaim her history.
19. To count again like her. Not like something, not like someone. Like her.

EL MUNDO FINAL. HISTORIA DE LA CUERDA. *NO*
FUNCIÓN EXPLICATIVA DE LA CUERDA.

Quisiera titular esto y luego no.

He pensado más en vivir que en morir. Lo debo aceptar.
Siempre pensando en otros y en oros. Otros lugares, otras personas, otros oros a los cuales perseguir. A los cuales someter y atrapar. Con los cuales estar. En donde estar.

Ella entonces tenía que tomar una decisión.
Ella recuerda la última vez que lo vio.

Él estaba sonriendo y esa sonrisa también era parecida a una cuerda.

THE FINAL WORLD. HISTORY OF THE STRING. *NO EXPLANATORY FUNCTION OF THE ROPE.*

I would like to title this and then not.

I've thought more about living than dying. I should accept it.
Always thinking more about others and about golds. Other places, other people, other golds to chase. To subject and catch. To be with. A place to be.

She then had to make a decision.
She remembers the last time she saw him.

He was smiling and that smile also looked like a rope.

"Son cosas que duelen. Duelen mucho".

¿Por qué no las nombran?
Ni que ella fuera algo o alguien.
"Es un poco esquemático".
Algo (o poder decir eso) acerca.

Mamá no quiere hablar del tema.
A veces parece que era hija única o que era la única mujer en la descendencia.
No lo sé.
Le decían que era rebelde. "Dicen que se ahorcó".
"Hay muchas maneras de ahorcarse". Le decían que fue un asesinato: "Ahorcar a alguien es pasional".

Pero ahorcarse con algo.
Una pinche cuerda.
Ella que está colgando de ti.

Una cuerda para saltar.
Una cuerda para ahorcarse. Teoría de cuerdas.
Una desambiguación.

Dicen que las mujeres que se ahorcan son las menos. Es una proporción diminuta.

"These are things that hurt. They hurt a lot."

Why don't they name them?
It's not like she was something or someone.
"It's a bit schematic."
Something (or being able to say) that about.

Mom doesn't want to talk about it.
Sometimes it seems like she was an only daughter or that she was the only woman descendant.
I'm not sure.
They would tell her she was a rebel. "They say she hanged herself."
"There are many ways to die by strangulation." They would tell her it was a murder: "To strangle someone is a crime of passion."

But to be strangled by something.
A fucking rope.
She who is hanging from you.

A rope to jump.
A rope to string yourself up. String theory.
A disambiguation.

They say that there are very few women who hang themselves. A minute proportion.

Ella es porque sigue siendo algo.

¿Quién? ¿Quién la encontró?

La reacción de alguien que la encontró.
Mi tío o mi papá.

¿Quién la encontró?
Alguien está aquí muerto. No alguien que la conociera. Pero él la fue a reconocer.
Un él y la ella.

She is because she continues to be something.

Who? Who found her?

The reaction of someone who found her.
My uncle or my dad.

Who found her?
Someone right here is dead. Not someone who knew her. But he went to identify her.
A he and the her.

Yo también tengo que tomar pastillas. Pastillas para todo. Ni podría hablar del tema con alguien o álguienes. Nadie lo sabe. Ni siquiera yo. Pienso que soy esa mujer que tiene que tomar las pastillas. Pienso también que soy un hombre y que soy fuerte. Muy, pero muy fuerte. ¿Qué quiero decir? Que yo tengo un cerebro recio al que no le entran esos pensamientos como los de ella. Por eso soy él y a mí las cuerdas no me espantan.

I have to take pills, too. Pills for everything. I wouldn't even be able to talk about it with someone or someones. No one knows. Not even me. I think I'm that woman who has to take pills. I also think that I'm a man and that I am strong. Very, I mean, very strong. What do I mean? That I have a sturdy brain that doesn't allow thoughts like hers. That's why I'm him and why ropes don't scare me.

Dicen que se mató con una cuerda. Dicen que en una puerta. Dicen que con el picaporte. Dicen que tenía el cabello en los puños. Dicen que se lo arrancó. Mamá dice que es porque se arrepienten, se quieren salvar. Leo que es una reacción al ahorcamiento. No tiene nada que ver con arrepentirse.

¿Yo me arrepentiría?

"Ella quería cortar de tajo. Con todo". "Pero es que no éramos de este mundo". "Y lo sabías".
"Sí, pero no quería pensar en eso". "No lo sé".
"Se arrepintió mi hermanita".

They say she killed herself with a rope. They say with a door. They say with the latch. They say she had her hair in her fists. They say she tore it out. Mother says it's because they're full of regret, because they want to save themselves. I read that it's a reaction to the hanging. It has nothing to do with regret.

Would I regret it?

"She wanted a clean break. With everything." "But, the thing is we weren't of this world." "And you knew it." "Sure, but I didn't want to think about it." "I'm not sure."
"She regretted it, my little sister."

Pensar que eres un muñón.

Pensar que los objetos no te alcanzan. Sin que se conozcan los motivos.

Pero es que ni ella (yo) misma los conocía.

To think you are a stump.

To think that objects don't catch up with you. Without knowing the motives.

But not even she (I) knew them.

Releo: "Sólo en las penumbras, en las sombras, anida la liberación, para el mismo sol, de ese su propio reino que le aprisiona, a él mismo, con su propio poder".

I reread: "Only in gloom, in the shadows, does freedom nest—even for the sun, imprisoned within its own realm by its own power."

Los culpables tienen nombres.

Algo, alguien.

Algo y, y, y al fin y al cabo.

Algo.

Una soga es una cuerda gruesa.

Gruesísima.

¿Me aguantaría a mí?

El peso.

De una persona fornida.

Fundamentales, teorías fundamentales.

Son ésas las que necesitas para endurecer tu cerebro.

"Es que está roto".

No quiere hablar de eso.

O no sabe cómo hacerlo.

The guilty ones have names.

Something, someone.

Something and, and, and at the end of the day.

Something.

A rope is a thick string.

Very thick.

Would it hold me?

The weight.

Of a sturdy person.

Fundamental, fundamental theories.

Those are the ones you need to harden your brain.

"But it's broken."

Doesn't want to talk about it.

Or doesn't know how.

Algo o una serie de preguntas sobre algo o lo que es meritorio decir o desdecir porque es algo. Porque es algo y nos sobreviene o se mantiene como una promesa: algo, algo, algo. De algo, de alguien. Algo o una historia de apego. O de exclusión. Algo colectivo: una relación con la madre y el padre. Algos, álguienes.

Algo o su distancia o no,
más bien,
menos mal,
algo la fastidia, aprieta, iguala, combate, falsea.

La intenta.

Algo o alguien o una mera existencia.

Algo o una consistencia acuosa, hablada, desenterrada, permuta, memoria. Ahí donde esto confluye. Y se detiene, cuesta abajo. Algo que no es algo sino una dádiva, acuosa de nuevo, apabullante, merecedora de todos los ánimos. Algo y alguien en su memoria de puntuación que fluctúa.

Aprieta la cuerda, apriétala más.

Algo o una demostración que no puede demorarse o renunciar y entonces se nombra, o corrige. Es un instante, el sometimiento. Un gato, la cola de ese gato, su mirada, disensión. La barba de él. Una amoralidad.

Algo o su prealgo. Algo o su preciso instante. Eso ya está manido. Algo o lo que puede ser algo. O una apariencia. Sin lugar. Locuaz. Mentiría yo o materia.

Algo que revienta. Una verbalidad ojerosa o generosa. Una sin manera de hacerse a otras maneras. Alguien lo está diciendo, trata de explicarlo y le dicen que se detenga. Que no hace falta. Que pare. "Ella ya está muertita".

Something or a series of questions about something or that which merits being said or unsaid because it is something. Because it is something and it overcomes us or it endures as a promise: something, something, something. Of something, of someone. Something or a story of attachment. Or of exclusion. Something collective: a relationship with the father and the mother. Somethings, someones.

Something or its distance or not.
more like,
less so,
something annoys, presses, equalizes, battles, falsifies her.

It tries her.

Something or someone or a mere existence.

Something or an aqueous consistency, spoken, unearthed, exchanges, memory. There where this converges. And stops, downhill. Something that isn't something but alms, watery again, overwhelming, deserving of all encouragement. Something and someone in her memory of fluctuating punctuation.

Tighten the rope, tighter.

Something or a proof that cannot be delayed or denied and so is named, or reformed. It's an instant, the subjection. A cat, the tail of that cat, its stare, dissension. His beard. An amorality.

Something or its presomething. Something or its exact moment. That's already hackneyed. Something or what can be something. An appearance. Without place. Loquacious. I'd fabricate or fabric.

Something that bursts. A haggard or generous verbiage. One with no way of making herself any other way. Someone is saying it, tries to explain it and is told to stop. That it isn't necessary. Stop. "She's already dead."

1. ¿Cómo se va formando esa perla sobre la palma de la mano?
2. Esa situación o acaso y entonces sí, un detrimento, un hundimiento de años, rocas, una nostalgia de lo sustantivo y su cordialidad.
3. Un espera en tensión.
4. Un cuestionamiento que pareciera (o parecería) nuevo, ubérrimo, inacabable, nutricio, rozagante y descansado, en su plenitud.
5. Y le habrían dicho que conociera.
6. O que era una mujer equis.
7. "Aquí arriba ella va".
8. Nada existe si no hubo nada antes.
9. Ni la esperanza de ser nombrado un cómo. O especie de signo y su portento.
10. Un deseo es lo que la hace hablar (pero aquí hay dos *has*: *ha*cer y *ha*blar).
11. "Ella hizo hablar a estos hombres".
12. "Ni lo llames porque está yéndose a reconocer el cuerpo".
13. "No te pongas así".
14. Algo o alguien: un solo deseo y su adjudicación.
15. "Mirar, mirar para qué".
16. "Dale un pretexto y se irá".
17. Y yo también me iré. O eso me dije.

1. How does that pearl start forming in the palm of the hand?
2. That situation or maybe and definitely yes, a detriment, a sinking of years, rocks, a nostalgia for the substantive and its cordiality.
3. A respite in tension.
4. A questioning that would (or would have) seemed new, abundant, endless, nourishing, hearty, and rested in its plenitude.
5. And they would have told her to know.
6. Or that she was a mediocre woman.
7. "Up she goes."
8. If nothing was there before, nothing exists.
9. Not even the hope of being named a how. Or a kind of sign and its portent.
10. A desire is what makes her talk (but there are two *k*s here: ma*k*e and tal*k*).
11. "She made those men talk."
12. "Don't even call him because he's gone to identify the body."
13. "Don't be like that."
14. Something or someone: a single desire and its adjudication.
15. "To look, to look for what."
16. "Give him an excuse and he'll leave."
17. And I will leave too. Or that's what I told myself.

Nada pudo ser una vida antes o algo.
Pero ella sí.
Sí, a pesar de que nosotros, a veces o siempre, estábamos demasiado ocupados en sobrevivirla. Una vaga ilusión. No. Una vaguedad explicativa. O sí. Algo y su/la sujeción a tu cuerpo: decir y decir que esto es un batir de palmas, o un cuerpo que se borra.

O nada existe si no tiene un cuerpo. Nada existe pero lo imaginas. ¿Cómo ocuparía el espacio? Era algo que colgaba. Alguien o una de las ramas. Era una imposibilidad cognitiva. O tal vez sensorial. ¿Cómo situar a la persona que amas en un lugar o espacio tomado por *esos* otros? Y, y, y ella se pregunta lo siguiente: ¿Cuál era su disonancia? ¿De qué me estoy perdiendo? ¿O de quien te estás perdiendo? Ésa debería (debiera) ser la pregunta principal. No pude ir más allá de una respuesta. El resto fueron elucubraciones. ¿Qué respuesta no lo es? Tampoco es que me preocupara, en realidad: estaba la vida, ella, la vida real y había que vivirla. No. Sobrellevarla.

Nothing could have been a life or something.
But she could have.
Yes, even though we were often or always too busy surviving her. A vague illusion. No. An explanatory vagueness. Or yes. Something and its/the hold on your body: to say and say this is a fluttering of palms, or a body that erases itself.

Or nothing exists if it doesn't have a body. Nothing exists but you imagine it. How would it fill the space? It was something that hung. Someone or one of the limbs. It was a cognitive impossibility. Or maybe a sensorial one. How do you situate the person you love in a place or space seized by *those* others? And, and, and she asks herself the following: what was her dissonance? What am I missing? Or who are you missing? That should be (should have been) the first question. I couldn't get beyond a response. The rest were lucubrations. Which answer isn't? It's not that it worried me, really: there was life, her, real life and that had to be lived. No. Endured.

No hay mucho qué hacer por aquí. Era un nosotros y un conducto (apagado, como un túnel). Ésa fue mi rendición de cuentas. Un acaso y su ocasionalidad. "¿Alguna vez amaste a alguien así?". Pero apenas era un gato. Esa era la recompensa por haberse cargado la vida.

There's not much to do around here. It was a we and a conduit (dark, like a tunnel). That was my settling of accounts. A maybe and its occasionality. "Have you ever loved someone like that?" But it was barely a cat. That was the reward for having carried life on her back.

Una tonalidad para el derrumbe es lo que me exiges. (A medias). Algo, alguien o una palabras para ese derrumbe. Un despliegue de actos, de tan ciertos actos que parecen no combinar o es lo que te dice esta rima: La muertita cayó de una cuerdita. ¿Quién fue primero? Tú. No debiste sobrepasar. No debiste. Estás hecho (la masculinización) para esto. Una ecuanimidad rampante. ¿Para qué?

A tonality for the landslide is what you demand of me. (Half-heartedly). Something, someone or some words for that landslide. A deployment of acts, of acts so certain they don't seem to match or it's what this rhyme tells you: the dead little girl from a little rope fell. Who was first? You. You shouldn't have gone so far. You shouldn't have. You're made (the masculinization) for this. A rampant equanimity. For what?

"Quédate".

Cómo te pude tener y luego perder.

¿Cómo él te pudo perder y no perderse él también?

Quédate porque ya nos hemos empequeñecido tanto que cualquier corazón no nos cabe en la boca.
Creo que perdí el razonamiento.

"Stay."

How could I have had and then lost you.

How could he have lost you and not lost himself?

Stay because we have dwindled so much there's no longer any heart that will fit in our mouths.
I believe I have lost all reason.

19 de agosto de 1980. El último recuerdo es que siempre recuerdo haber tenido miedo. Miedo a la oscuridad. Miedo al mismo personaje siniestro de una misma pesadilla que tuve durante años. Miedo a una figura maligna dentro de mí y también dentro de mi armario. Miedo a no poder leer en público. Miedo a quedarme sin mamá. Miedo de sentir tanto odio por mi padre. Miedo de que mi hermanito muera. Miedo de besar a una niña. Miedo de mostrar un escrito mío por primera vez. Miedo de amar tanto a alguien que me convierta en piedra. Es la constante: el miedo en sus diversas variables que toma otras formas abandonando las que ya superé. Es por eso. Sí. Es por eso que he estado sintiéndome así durante gran parte de mi vida. El miedo a fallar, a no ser suficiente. El miedo al mismo miedo me impide vivir el miedo en sí. No siempre he sido esto. Hay destellos: mi libro, las manzanas rojas, algo debajo de ti (tus ojos, sus ojeras). Y así no quiero sentirlo, pero a veces es inevitable. Desde pequeña me han perseguido para: ser alguien en esta vida, alguien reconocida, alguien innovadora, alguien diferente y por eso me denominé a mí misma "diferente" y me alejé del mundo común. Haciendo lo más común también. Si hay otro recuerdo es que siempre sabía lo que quería, suponía lo que iba a pasar, confiaba en que lo iba a lograr. Es sólo que, a veces, ese recuerdo sigue siendo sólo eso, una simple memoria que no veo convertida en realidad. Como si fuera una niña todavía.

Tal vez estoy exagerando. Tal vez hay vida, sí, pero no me parece la suficiente. Siempre ha estado ahí "eso". "Eso" que me hace sentir mal, alienada, otra vez, y frustrada. Al final, como si todavía hubiera algo, alguien en cada cosa que no termino de alcanzar.

"Tanto tiempo ha deseado ella perderme en una isla semidesierta, como ahora habitada por mí y por el ser humano (más) perfecto. No por un rostro tallado en mármol ni por supremas cualidades físicas que el mundo en su extrema materialidad valora como si fuera lo más importante. Y no, lo más importante es que este ser humano y yo estamos en esta isla. He sido testigo de cómo sube la marea con tan solo un soplo de su boca, en su aliento navegan nubes, y en sus manos hay barcas para navegar lejos de aquí pero no, no me iría de aquí ahora que sé que yo también soy su ser humano perfecto."

August 19, 1980. My final memory is that I always remember having been afraid. Fear of darkness. Fear of the same sinister character of the same nightmare that I had for years. Fear of a malignant figure within me and also within my closet. Fear of not being allowed to read in public. Fear of being left motherless. Fear of feeling such hatred for my father. Fear of my baby brother dying. Fear of kissing a girl. Fear of showing someone my writing for the first time. Fear of loving someone so much it turns me to stone. This is the constant: fear in its different variations taking on new forms, abandoning those I've already overcome. That's why. Yes. That's why I've been feeling this way for the better part of my life. The fear of failure, of not being enough. The fear of fear itself prevents me from living fear itself. I haven't always been like this. There have been glimmers: this book, red apples, something under you (your eyes, the bags underneath them). And so I don't want to feel it, but at times it's inevitable. Since I was a little girl, they have been hounding me for: being someone in this life, someone recognized, someone innovative, someone different and that's why I designated myself "different" and alienated myself from the ordinary world. Doing what is most ordinary too. If there's another memory it's that I always knew what I wanted, assumed what would happen, trusted I would achieve it. It's just that, at times, this memory remains only that, a simple memory that I don't see become a reality. As if I were a child still.

Perhaps I am exaggerating. Perhaps there is life, yes, but that doesn't seem sufficient to me. Always, "that" was there. "That" which makes me feel ill, alienated, and again, frustrated. In the end, as if there was still something, someone in each thing that I'm unable to reach.

"For so long, she has wanted to lose me on a semi-deserted island, as now inhabited by myself and by the (most) perfect human being. Not for a face carved in marble, nor for superior physical qualities that the world in its extreme materiality values as if it were the most important. And no, the most important thing is that this human being and I are on this island. I have been witness to how the sea rises with just a breath from their mouth, in their exhalation clouds sail, and in their hands are ships for sailing far from here but no, I would not leave here now that I know I am also their perfect human being."

él:

papá construyó la casa que nunca tuvimos con muñecas de trapo

una tarjeta de cumpleaños sobre el buró

una carta de amor que nunca leí por la letra ilegible

papá haciendo curvas con las íes

mamá tenía una casa de muñecas hecha por un carpintero

"mi mami no quiere verme con mujeres como tú".

him:

dad built the house we never had with ragdolls

a birthday card on the nightstand

a love letter I never read because of the illegible handwriting

dad curving his i's

mom had a dollhouse made by a carpenter

"my mama doesn't want to see me with women like you."

Quédate.

Ven conmigo a casa, mi corazón.

No recuerdo como era yo antes de la pastilla. Recuerdo que lloraba.
Una vocecita y ella me decían *Quédate*.
No era una voz potente.

O ya ni sé si me lo decía en voz baja. Ni siquiera quiero recordarlo.
Todo tiene un precio.

Este talento lo pagarás con dolor. O con sangre. O con pastillas.
"Vas a celebrar su muerte con fervor creciente".
Quédate.

Nada pasará.

Nadie tomará sangre por su propia mano.

Quédate, no seas como la muertita.

Stay.

Come home with me, my dear.

I don't remember what I was like before the pill. I remember I used to cry.
A tiny voice and she would tell me *Stay*.
It wasn't a powerful voice.

Or I don't even know if she said it in a quiet voice. I don't even want to remember it.
Everything has a price.

This talent you'll pay for with pain. Or blood. Or pills.
"You'll celebrate her death with a growing zeal."
Stay.

Nothing will happen.

No one will take blood with their own hand.

Stay, don't be like the dead little girl.

1. Yo siendo dolor.
2. Un rasgado manto de bondad.
3. Primero la fantasía, luego el drama.
4. Algo o alguien con una metáfora desagradable. *Hay que resquebrajar las cosas.* Por ahí no entra la luz.
5. No habrá descanso para la condenada. *Esa palabra.* Entonces de qué estás hablando.
6. *Pensé que seríamos simples juntos. Que seríamos preciosos. Algo precioso.*
7. *No murió. Diles, o dile a esa que eres tú misma la que no murió. Díganse todos que no murió y que nadie tuvo la culpa. Que mientras la amaran. O la amarraran a una cama.*
8. *Después de esa cita donde casi pierden las manos, se masturbó como tenía mucho tiempo sin hacerlo. Se preguntaba si volvería a sentir una atracción sexual así. ¿Qué admiraba de ella? La fortaleza. O la fuerza. Mientras la amara, no importaba.*
9. "Será la misma historia", dijo él.
10. *Me pregunto si se acordará de mí porque también lo dejaste a él por otra mujer.*
11. Pero soñaste con esa inicial.
12. ¿Por qué te enamoraste de dos mujeres con el mismo nombre?
13. "Y corriste hasta que se te acabo". Corrías y llorabas. Era un correr interminable.
14. *Yo recuerdo estar bajo ese puente. En una serie de edificios anteriores a mí y compartí el pensamiento. Mátate.*
15. ¿Había una mujer? También.
16. *¿Es cómo una historia que se repite?*
17. Parece que te cimbran pero no será así.
18. Esto pertenece a ella.
19. Ella moriría mientras la amaran.

1. Me being pain.
2. A torn mantle of kindness.
3. First fantasy, then drama.
4. Something or someone with an unpleasant metaphor. *Things need to be ripped at the seams.* No light comes through there.
5. There will be no rest for a woman damned. *That word.* Then what are you talking about.
6. *I thought we'd be simple together. That we'd be precious. Something precious.*
7. *She didn't die. Tell them, or tell that part of yourself that she didn't die. Go ahead, tell yourselves she didn't die and no one was to blame. That as long as they loved her. Or tied her to a bed.*
8. *After that date where they almost lost their hands, she masturbated like she hadn't in a long time. She wondered if she'd ever experience sexual attraction like this again. What did she admire in her? Her fortitude. Or her strength. As long as she loved her, it didn't matter.*
9. "It will be the same story," he said.
10. *I wonder if he'll remember me because you also left him for another woman.*
11. Yet you dreamt of that initial.
12. Why did you fall in love with two women with the same name?
13. "And you ran until it gave out." You ran and you cried. It was an endless running.
14. *I remember being under that bridge. In a series of buildings prior to me and I shared in thought. Kill yourself.*
15. Was there a woman? That, too.
16. *Is it like a story repeating itself?*
17. It seems like they swayed you but it won't end up like that.
18. This belongs to her.
19. She would die as long as they loved her.

Esa cuerda. La tiene a ella.

El suicidio como motor o tu inmovilidad del pensamiento.
El suicida no tiene un lugar en el más allá.
La suicida persiste en el más acá.

Acá es donde hace falta, acá es donde está la culpa. Las dificultades.
Allá significa libertad.

"Es difícil dejar ir a una persona que se ha suicidado".
"Es difícil dejar ir".
"Es difícil dejar".
"Es difícil".
"Es".

That rope. It has her.

Suicide as a motor or as your immobilizing of thought.

One who dies by suicide has no place in the beyond.

She who commits suicide persists in the here and now.

Here is where she is missing, here is where guilt lies. The difficulties.

There means freedom.

"It's hard to let go of someone who has died by suicide."

"It's hard to let go."

"It's hard to let."

"It's hard."

"It's."

SEGUNDA PARTE

PART II

Les pidieron hacer una lista de eventos estresantes. Les pidieron reconocer el cuerpo. Les pidieron corroborarlo. Les pidieron verlo nuevamente. Se fue a una hora de casa. O unos cuarenta y cinco minutos. Ahora son veinte minutos. Ahora lo tienes enfrente de ti. Tuyo de ti. Ahora está aquí. No hay distancia que salvaguardar. No la hay. Las autolesiones. Lo que podría entenderse cómo. ¿Como qué? La visibilidad del sufrimiento en las cicatrices.

1985. Un lugar tranquilo. De provincia. Un estado pequeño. Ella en su estado de pequeñez. Una dificultad conspiratoria. Una venganza. Una verdad alterada. Una esperanza. Le dijo, entonces, que podía superarlo.

Él señala que hubo señales. Intentos previos. El resto de la familia no lo acepta. ¿Por qué? Un dolor sumo. Escuchar una voz. Repetirse una y otra vez. Hasta el cansancio. Se acusan unos a otros. Esa voz tenía un nombre. ¿Cómo la llamará? Karen. Sí, Karen era la voz. No, Karen es la muerta. Alguien se llamará como tú. Alguien, dentro de veinte años, tendrá tu nombre. Y tú estarás tres metros o menos bajo tierra. Cuando desentierren tu cuerpo.

Ha soñado en mover la tumba. En cambiarla de sitio.

Existe una memoria más allá de ti.

Se habla de que son almas en pena. Ella es una de ésas. Una de las durables en el purgatorio. "Las almas durables". Ella es la pastora. Es de las que merecen. Me pregunto si lo habrá leído. Lo tiene subrayado. La última entrada en el diario del escritor italiano Cesare Pavese delata una horrenda lucidez: "Siempre sucede lo más secretamente temido. Escribo: Oh, Tú, ten piedad. ¿Y después?". El poeta hablaba de que "Y sin embargo hay mujercitas que lo han hecho. Hace falta humildad, no orgullo". ¿Mujercitas? ¿A qué se refería el italiano con escribir "mujercitas" nueve días antes de su muerte? El sufijo despectivo revela una odiosa comparación. ¿Es la sensibilidad un atributo característico de una personalidad considerada más débil? ¿O habla en función del género? Es la degradación peyorativa de ser mujer y ser mujer artista.

They asked them to make a list of stressful events. They asked them to identify the body. They asked them to verify it. They asked them to look at the body again. It was an hour from home. Or about forty-five minutes. Now it's twenty minutes. Now it's in front of you. Yours of you. Now it's here. There's no distance to safeguard. None. Self-inflicted lesions. How then to understand it. As what? The visibility of suffering in the scars.

1985. A quiet place. In the countryside. A small state. She in her state of smallness. A conniving difficulty. A revenge. An altered truth. A hope. She told him, then, she could get over it.

He signals there were signs. Previous attempts. The rest of the family does not accept it. Why? An extreme pain. To listen to a voice. Repeat itself over and over. Until exhaustion. They accuse each other. That voice had a name. What will she name it? Karen. Yes, Karen was the voice. Someone will be named like you. Someone, in twenty years, will bear your name. And you will be three meters or fewer below the ground. When they dig up your body.

She has dreamt about moving the tomb. About changing its place.

There exists a memory beyond you.

It is said they are souls in pain. She is one of them. One of the holdouts in purgatory. "The lasting souls." She is the shepherd. She is one of the deserving. I wonder if she would have read it. She has underlined it. The last entry in the diary of Italian writer Cesare Pavese betrays a horrific lucidity: "The thing most feared in secret always happens. I write: Oh, You, have mercy. And then?" The poet was talking about how "Weak women have done it. It needs humility not pride." Weak women? What did the Italian mean by writing "weak women" nine days before his death? The derogatory adjective reveals a hateful comparison. Is sensitivity the characteristic attribute of someone considered weaker? Or is it a function of gender? It's the pejorative degradation of being a woman and being a woman artist.

Tener es el único verbo que existe. "No soy de mí" y la blancura en mis ojos se disipa. Estoy aquí en una infrecuencia, estoy allá (y me señalan inmediaciones) en un suelo ajeno. Todos indivisos, todos siendo Uno entrando en mi pecho y nombrándose como esas "inmediaciones", como "lo cercano". Y los alvéolos repletos de ruido me dicen: "Son tú" a pesar de que lo hueco de la soledad funda mi porvenir en la negación: "No son de mí". El pulmón, esa capacidad de plétora. El pulmón, esa incapacidad del cielo. No caer en el asombro, no caer en el principio siendo el final. No caer y ser sobreviviente del cristal empañado, de la respiración entrecortada. Del espejo que no me corresponde. La única coherencia es el oxígeno en mi pecho. El aire me ensancha y soy el peso de algo o alguien
el aire me minimiza y soy el filo de esa respiración
hiriendo la intemperie, silbando la euritmia que todos conocemos: Te tengo. Y eso una cacofonía.

    O mejor dicho una asonancia. Ese cielo es la calamidad en la pupila, la plaga que me nombra como las cosas.

To have is the only verb that exists. "I am not of me" and the whiteness in my eyes dissipates. I am here in an infrequency, I'm there (and the immediacies point at me) on foreign ground. All undivided, all entering my breast as One and naming itself as those "immediacies," as "what's held close." And the alveoli replete with noise tell me: "They're you" despite the void of solitude founding my future in negation: "They're not from me." The lungs, that capacity for plethora. The lung, that incapacity for sky. Not to fall in astonishment, not to fall in the beginning being the end. Not to fall and be a survivor of the fogged crystal, of the faltering breath. Of the mirror that doesn't correspond to me. The only coherence is the oxygen in my breast. The air widens me and I'm the weight of something or someone
the air minimizes me and I'm the sharpness of that breathing
wounding the outside, whistling the eurythmy we all know: I have you. And that a cacophony.

      Or better put, an assonance. That sky is a calamity in the pupil, the plague that names me like things.

Ser lo que he amado y he perdido.

Entonces algo o alguien, por un principio geométrico,
es una cuerda de nunca acabar.

To be what I have loved and lost.

So something or someone, by a geometrical principle,
is a never ending string.

1. Al expresar las propiedades de *este* concepto —en términos del lenguaje común y haciendo uso del diccionario— subsiste la descripción temporal: suicidio.
2. "Pues se mató". Ella se mató. Di su nombre. Llámala. Dile que se quede. "Pero es que ya no puede quedarse". "Pues se mató".
3. Nada es (el anverso y el reverso de ella). Algo o alguien *se puede escribir*
   es entelequia *escritura / contranatura en obra* es *concomitancia de* escrinatura contratura
   Ella se puede escribir *sólo llamar para el encuentro de algo,*
   alguien en el silencio no hay Fondo sólo Forma Rostro y contrarostro Sin perfiles
   y frontispicio Balaustre y horizontalidad de una cuerda
   o Ella (Forma Doble o no Forma y Fondo) Algo, alguien. Ella. "Ella se mató".
4. Es que *lo mismo no se puede escribir* "anvértebras y reverterás su muerte". Ella
   se puede escribir un Poema separado por la misma cuerda
   ¿Ella *se* escribe?
5. *Ella no se escribe /* sólo algo y alguien */ nunca ella / yo* y la cuerda / reclamo un seudónimo deshonesto que la sustituye / ignominia de los cinco o seis sentidos */ Ella es el sometimiento de una cuerda / Los dedos y la cuerda Tanta cuerda es la paranomasia del dorso /* Yo misma le estoy dando la espalda.
6. Yo tengo las yemas de los dedos impregnadas de estos hilitos.
7. Una pinche cuerda.
8. Pero mis manos te reconocen. La cuerda *es señal de vida anterior a la vida. Algo o alguien y* la rendición pero esta ella *se escribe:* "Quédate". *Contrarostro: trazo horizontal de escrinatura*
   Caos *no* es contratura: parálisis, inmediación de la libertad
   Ella *es escritunatura: carátula y vestigios del pasado* que esconden:
9. Todos ustedes tienen la culpa. Perpetúan el silencio.
10. Dimensión de esperanzas y redimensión de ella al desescribirse: *"quédate""quédate".*
11. *La escrinatura del sopor.*
12. Ella y su cuerda. Algo o alguien *es* una sucesión cíclica: repetición de fatalidades. *Toda la destrucción es totalidad.* Fondo y Forma son pretextos.

1. When expressing the properties of *this* concept—in terms of ordinary language and using the dictionary—the temporal description subsists: suicide.
2. "Well she killed herself." She killed herself. Say her name. Call out to her. Tell her to stay. "But she can't stay anymore." "Well she killed herself."
3. Nothing is (her obverse and reverse). Something or someone *can be written*
   it is entelechy *writing / counternature in work is concomitance of* natuwriting counterture
   Shecan be written only to call for the encounter of something,
   someone in the silence there is no Depth only Face Form and counterface Without profiles and frontispiece   Baluster and horizontality of a rope
   or She (Double Form or non Form and Depth) Something, someone. She. "She killed herself."
4. It's just *the same cannot be written* "anvertebrae and you will revert her death." She
   can be written a Poem separated by the same rope
   Is she *written*?
5. *She isn't written* / just something and someone / *never her* / *I* and the rope / I claim an insincere pseudonym that substitutes her / ignominy of the five or six senses / *She is the subjection of a rope / The fingers and the rope So much rope is the back's paronomasia* / I myself am turning my back on her
6. The tips of my fingers are impregnated with those little strands.
7. A fucking rope.
8. But my hands recognize you. The string *is a sign of life before life Something or someone and* the rendition but this she *is written:* "Stay." *Counterface: horizontal trace of natuwriting*
   Chaos   that   is   *not*   counterture: paralysis, immediacy of freedom
        She *is natuwriting: cover and vestiges of the past*   that hide:
9. You are all to blame. You perpetuate silence.
10. Dimension of hopes and redimension of her when she unwrites herself: "*stay*" "*stay.*"
11. *The natuwriting of somnolence.*
12. She and her rope. Something or someone *is* a cyclical succession: repetition of fatalities. *All destruction is totality.* Depth and Form are excuses.

13. Quédate.
14. Pero le estás pidiendo que respire. Y ella no quiere.
15. Hay demasiada vida y ya no la quiere.
16. No eres. No serás.
17. No fue.

13. Stay.
14. But you're asking her to breathe. And she doesn't want to.
15. There's too much life and she doesn't want it.
16. You are not. Will not be.
17. Was not.

Ya no leo: "Esta reducción del lenguaje y nuestra tendencia a atribuir sistemáticamente el suicidio a una enfermedad mental es consecuencia de nuestra aversión a pensar críticamente sobre el tema".

I no longer read: "This paucity of our vocabulary and our tendency to routinely attribute suicide to mental illness reflect our aversion to critical thinking about the subject."

Dijeron: "Se llamará como ella" y no he sido ella. No me transparenta, no me reconozco en la sustancia. Reherir la materia, segar mi desnombre en el tuétano. Me ronda la sonoridad: "No soy ella" y hay un trazo en la consternación. "No soy ella" y el pavor me custodia: El pulmón subyace en mi sangre, nos desbocamos con amargura hacia la cerrazón. "No soy ella" y los ruidos me llaman adentro, adentro y me deslumbra la inexistencia de silencio. La fe dialoga desde la luz y no confío en la forma. Soy el fondo: Fe, no me alumbres. Fe. Soy el respingo, el dorso de la mano sobre alguien. Soy el gemido, el hervor, el estornudo, soy allá. Soy el pozo artesiano, la pertinencia del cernícalo, soy lengua. Soy los intestinos y el pie adentro, adentro de alguien. "No soy de mí" y recuerdo a mi madre dando a luz (sólo fui de alguien "durante" nueve inexactos meses). "No soy de mí" y no sé nombrar las cosas, cosas como el cuerpo que apenas tengo al alcance y reconozco en la cuerda y el taburete. "Intestinos" es una imagen, el pie no es traspasar en la negrura. "No soy de mí" y este lugar es la palabra: intestinos y pie en la vileza del tener, del tuétano.

¿Antes de nacer? Tal vez fui que no era humedad sino círculo, duodeno de mi madre, ombligo de mi madre, en su rescoldo y en las cicatrices cicatrices de fondo sólo de forma

Un zumbido o una insuficiencia o una humedad rodando, yo siendo rueda, moviendo el yo siendo rueda no soy centro, me desplomo en el que no cierran, que no son y que se escriben como "ilegible".

They said: "She will be named after her" and I haven't been her. It doesn't make me transparent, I don't recognize myself in the substance. To reject matter, to reap my unname in the bone marrow. Sonority surrounds me: "I'm not here" and there is a trace in the dismay. "I am not her" and the dread flanks me: The lungs lurk in my blood, we bolt with bitterness to the storm clouds. "I am not her" and the noises call me inside, inside and I'm dazzled by the inexistence of silence. Faith dialogs from the light and I don't trust form. I am depth: Faith, don't shine on me. Faith. I am the startle, the back of the hand on someone. I am the moan, the boiling, the sneeze, I am the over-there. I am the artesian well, the kestrel's pertinence, I am tongue. I am the intestines and the foot inside, inside of someone. "I am not of me" and I remember my mother giving birth (I was only someone's "for" nine inexact months). "I am not of me" and I don't know how to name things, things like the body I can barely reach and recognize in the rope and the footstool. "Intestines" is an image, the foot is not to trespass in the blackness. "I am not of me" and this place is the word: intestines and foot in the vileness of possession, of bone marrow.

Before being born? I may have been   A droning or an insufficiency or a moisture
that wasn't dampness but a circle,   rolling, I being wheel,   moving my
mother's duodenum,   I being wheel I am not center,   I fall apart in
my mother's navel, in her embers and in the scars   that will not heal,   that aren't
scars of depth but of form   and that are written as "illegible."

Algo o alguien es la digresión de la persona. Una fractura. Esta cuerda y el picaporte. La habitación estaba atiborrada. Una repetición de lápidas, eso es ella. "Es hora de abandonarla".

Este lado de la muerte. "No soporté la humanidad en tu cuerpo". Estaba repleta de secreciones. Todavía hundiré un pulgar para completar un ciclo, para perpetuarla a ella que

nos está quebrando sin aniquilar la constancia de su (mal) recuerdo. "La muertita".

Something or someone is the digression of a person. A fracture. This rope and latch. The room was crammed full. A repetition of headstones, that's her. "It's time to abandon her."
This side of death. "I couldn't stand the humanity of your body." She was replete with secretions. I will still plunge my thumb in to complete a cycle, to perpetuate she who is breaking us without annihilating the constancy of her (bad) memory. "The dead little girl."

La sueño y está desdentada.

—A los muertos lo que es de los muertos.

—Al hueso lo que es del hueso.

—A ti lo que no es tuyo.

I dream her and she is toothless.

—Unto the dead what is the dead's.

—Unto the bone what is the bone's.

—Unto you what isn't yours.

Algo o alguien es lo que no aprendes. Es un número también. El 11 de octubre se intentó matar. El 11 del mismo mes. Es un número que no aprendes Número formado en dos números que son el mismo Ella es el rabillo del ojo, el reverso Ella es el limbo atornillado en el parapeto Un cielo que no es promesa sino jornada que desgasta compasión Sin escribirme "Ella", transito en la estirpe hecha de ataúdes y tolvanera Ella se manifiesta en un espasmo grisáceo, en los rasgos del rostro sin rostro "Ella" es rasguear la lengua.

"El dolor es la conciencia de octubre", escribimos sobre la carcoma Ella duerme en la raíz del árbol genealógico Somos irrisorios en el limen y escritos desde el polvo "El dolor paraliza al vértigo", se dice Ella a sí misma, "ahoga toda impresión"

"Quédate"

"Estoy a una cuerda" "Estoy a una cuerda y a un taburete", repite Ella "No entiendo el presente Sólo el silencio, gravito en lo que nadie abre Escribo hacia el hemisferio He sentido lo descomunal, grito en el ala de la oropéndola Me silencian los tabiques No tengo percepción del momento Crecí en el armario, me alimentaron de cemento y tablones Algo que no duele, sólo pesa…" Substancias giran y la viga se resquiebra en hálito

Estamos a una cuerda, escribió Ella sin tinta y nadie murió Quiso nombrar la luminiscencia de "Alba" o "Rocío" sabiendo la deshonestidad de la alianza de un nombre propio Falsear la aurora en el cálamo y la tinta No leer entre líneas y Ella muere:

Something or someone is what you don't learn. It is a number too. On October 11 an attempt was made. On the 11th of the same month. It is a number that does not learn Number formed by two of the same numbers She is the corner of an eye, the reverse She is the limbo screwed into the parapet A sky that is not a promise but a workday that wears down sympathy Without writing me "She," I move among a lineage of caskets and dust storm She becomes manifest in a grayish spasm, in the features of a faceless face "She" is to strum the tongue.

"Pain is October's conscience," we write about the anxiety She sleeps at the root of the family tree We are risible at the threshold and written from dust "Pain paralyzes vertigo," She says to herself, "drowns all impression"

"Stay"

"I am a rope away" "I am a rope and a footstool away," she repeats "I do not understand the present Only silence, I gravitate to what no one opens I write toward the hemisphere I have felt the colossal, I scream on the oriole's wing The partitions silence me I have no perception of the moment I grew up inside the closet, they fed me cement and planks Something that does not hurt, only weighs you down…" Substances rotate and the beam cracks in the breeze

We are a rope away, She wrote without ink and no one died She wanted to name the luminescence of "Alba" or "Rocío" knowing the dishonesty of a proper name's alliance To falsify the dawn with quill and ink To not read between the lines and She dies:

El reconcomio que nos escuda del fulgor: De los párpados sin tallar: De la cuerda y el taburete que nos hacen: Otredad: Columna: Viga: Hoja sin fraguar, favores sin surcar: En el baldón y desdecir: La pauta en los rizos, la quimeriquilla en las uñas: La historia en el erizamiento de los vellos: La cuerda y el taburete que esperan una cruz: Las manos apeteciendo las marañas de cabello que escoltan este hecho: Morir: Morir para captar la deidad por un segundo: Para escoltar lo que nombramos como Unicidad: Ese instante en que somos Ninguno: Ninguno sabe que el pabilo no persiste en la escritura del fanal: La consternación no resiente la no-escritura del cadalso: El vaivén en una complejidad en la mano: Ella es un noúmeno: No hay ritmo en la bilocación de los sentidos: Ahí somos: Viceversa: Ahí somos: Ella

The urge that shields us from brilliance: From the unrubbed eyelids From the rope and the footstool that make us: Otherness: Column: Beam: Unforged blade, unfurrowed favors: In the reproach and the retraction: The pattern in her curls, the chimera-keel in her fingernails: The story of her hair standing on end: The rope and the footstool awaiting a cross: The hands craving tangles of hair escorting this fact: Dying: Dying to capture the deity for a second: To escort what we name Oneness: That instant in which we are No one: No one knows that the candlewick does not linger in writings made by lantern-light: Dismay does not resent the non-writing of the gallows: The coming and going of a complexity in the hand: She is a noumenon: There is no rhythm in the bilocation of the senses: There we are: Vice versa: There we are: She

Ella ocupa cada una de los sitios en los que no respiro Es que se mató por su propia mano
Él y los estereotipos de género cuando hablan de suicido Ella se jaló el cabello
"Tenía mechones en sus manos".

¿Y si él la mató?

"No sé qué es peor. Si el antes o el ahora". "Con ella no hubo después".

She occupies each of the places where I don't breathe It's that she died by her own hand He and the stereotypes of gender when they talk about suicide She pulled her hair "She had tufts of it in her hands."

And if he killed her?

"I don't know what's worse. The before or the now." "With her there was no after."

1. ¿Su causa de muerte fue común?
2. Imagino las estampas familiares.
3. La decepción o un castigo.
4. Un deseo punitivo que envolvía la atmósfera.
5. O una atmósfera opresiva.
6. Un desentendimiento de la realidad.
7. Un filo. Una respiración al filo.
8. Tenía un día, quizás dos.
9. Un hueco en la lengua.
10. Ella dormía durante las horas luminosas.
11. Un frío doblado. Ella que se arrodilla.
12. Un frío arrodillado.
13. "No estás tan loca. Estás sobre la espalda de la locura, esperando alcanzar su rostro para arrancarle un beso. O tal vez dos".
14. Ella tenía una voz persuasiva.
15. Los hielos del hueso. Los huesos en hielo. Su rostro en hielo. Un maquillaje. "La maquillaron con cuidado".
16. Te recordaré.
17. No más llorar. Llorar más no.
18. "Se quiso ayudar y no pudo. Tenía sus muñecas cortadas también".
19. Una predisposición en lo articulado. También hay una observación a este cuerpo que apenas reconoce. El de ella que también es el suyo.

1. Was her cause of death common?
2. I imagine the family snapshots.
3. Disappointment or burden.
4. A punitive desire that shrouded the atmosphere.
5. Or an oppressive atmosphere.
6. A misunderstanding of reality.
7. An edge. A breathing on the edge.
8. She had a day, maybe two.
9. A hole on the tongue.
10. She would sleep during the luminous hours.
11. A bent cold. She who kneels down.
12. A kneeling coldness.
13. "You're not that crazy. You're on the back of madness, waiting to reach its face and steal a kiss. Or maybe two."
14. She had a persuasive voice.
15. The ice of the bone. The bones in ice. Her face in ice. Some makeup. "They did her makeup carefully."
16. I will remember you.
17. No more crying. Crying no more.
18. "She tried to help herself and couldn't. She had her wrists slit too."
19. A predisposition in what was articulated. There is also an observation to this body that barely recognizes. Hers that is also hers.

El libro de tu vida en dos capítulos: los días que no piensas en matarte y los días en los que sí.

The book of your life in two chapters: the days you don't think about killing yourself and the days you do.

Algo o alguien

y eso de frente que te está carcomiendo. Eso de frente.

Díselo de frente. No lo entenderán. Los que más la recuerdan han muerto. Esa memoria
ha sido enterrada. "Es un mal trago". Es lo

que esperaría. Una lentitud solar. Una reflexión nocturna. Algo o alguien y una refracción y, y, y
un golpeteo. Es ella. Está llamándote. Algo

la somete. Algo las hace idénticas y a la vez no. Pérdidas o halladas. "Haz una mención de eso". Es
la cuerda.

Algo o alguien y, y, y los horrores de lo hallado. "El cuerpo pendía de
una cuerda". Es la historia de una perdida. "Así la llamaron". Una luz que no volvió. Ella se hizo
pequeñita y, aún así, pudo acabar contigo.

Something or someone
and what you're facing is gnawing at you. What you're facing.
Tell it to her face. They wouldn't understand. Those who remember her most, have died. That memory has been buried. "It's a bitter pill to swallow." It's what
I would expect. A solar slowness. A nocturnal reflection. Something or someone and a refraction and, and, and a rattling. It's her. She's calling you. Something
subdues her. Something makes them identical but also not. Losses or found. "Mention that." It's the rope.
Something or someone and, and, and the horrors of what's found. "The body hanged from a rope." It's the story of a lost woman. "That's what they called her." A light that didn't return. She makes herself little and, even then, she could have ended you.

"Cuídate".

He revisado las historias. Todas son diferentes. Creer que mi historia es la verdadera anula el resto. Una pequeñez. Una mujercita oculta. Una pequeña mujer oculta. La reaparición (de los dogmas). La síntesis, candente. ¿Tendría el estómago lleno? ¿Cuál habrá sido su última comida? Una destemplanza en la boca. En los dientes.

Hoy se cumplen treinta y dos años sin ella. Ni siquiera saben cómo sería. Es que las personas cambiamos tanto. Y a lo largo de la vida. ¿Y una vida que no es vivida? ¿Cómo se haría?

También pensaba en un hombre agazapado.

Se supone que nos llamamos de la misma manera. No quisiera que su nombre sonara como el mío.

¿Pero qué le vas a decir?

"Take care."

I've gone over the stories. Each one is different. Believing my story is the truth annuls the rest. A smallness. A mere woman, hidden. A small hidden woman. The reappearance (of the dogmas). The synthesis, burning hot. Would her stomach be full? What would have been her last meal? A harshness in her mouth. In her teeth.

Today marks thirty-two years without her. They don't even know who she would be. We all change so much. And over the course of a life. And a life that isn't lived? How would it be done?

I was also thinking about a man crouching.

We supposedly share the same name. I wouldn't want her name to sound like mine.

But what are you going to tell her?

Me dan miedo ciertas cosas porque no sé nombrarlas: algo o alguien, ella y él, una sonrisa paulatina, las revelaciones me aniquilan

el silencio es innecesario: "¿puedes decirme tú cómo?"
Si el cómo fuera tan fácil te lo diría pero ese es otro discurso

Lo único que se endurece es el cuerpo.

I am afraid of certain things because I don't know how to name them: something or someone, her and him, a gradual smile, the revelations annihilate me

the silence is unnecessary: "can you tell me how?"
If the how was so easy I would tell you but that's another story

The only thing that hardens is the body.

"El dolor regresa al mismo sitio: El cálamo" piensa Ella. "El dolor es la conciencia de octubre", escribimos en el polvo. Ella duerme en la raíz del árbol genealógico. *Somos irrisorios en el umbral y escribimos en el polvo.* "El dolor detiene el vértigo", se dice Ella a sí misma, "ahoga toda emoción". Ella observa las luces de azogue y asimila –en el desdén de la aurora– que el dolor siempre regresa al mismo sitio. *Somos irrisorios en el umbral y escribimos en el cemento. Ella no duerme.*

Estoy a una cuerda. Estoy a una cuerda y a una silla, repite Ella. "No entiendo el presente: Sólo el silencio. Gravito en el poniente. *Escribo hacia el hemisferio:* He sentido lo descomunal. Siento el vértigo. Grito en el ala del cuervo, me silencia el tráfico. No tengo percepción del momento: Crecí en la planta artificial, me alimentaron de cemento. Mi madre debió llamarse Esperanza. Urbiris. Horadación. Los objetos giran y la viga se resquiebra en el hálito.

Estamos a una cuerda, dijo Ella y nadie murió. No leímos entre líneas, decimos y Ella murió.

"The pain returns to the same site: the quill" She thinks. "Pain is October's conscience," we write in the dust. She sleeps in the roots of the family tree. *We are risible in the shadows and we write in the dust.* "The pain arrests the vertigo," She tells herself, "it drowns all emotion." She observes the lights of quicksilver and absorbs – in the disdain of dawn – that the pain always returns to the same site. *We are risible in the shadow and we write in the cement. She isn't sleeping.*

I'm at the end of my rope. I'm at the end of a rope and a stool, She repeats. "I don't understand the present: Only the silence. I gravitate toward the west. *I write toward the hemisphere:* I've felt the colossal. I feel vertigo. I scream into the wing of the crow, the traffic silences me. I don't have any perception of the moment: I grew up on artificial plants, they fed me cement. My mother should have been named Esperanza. Urbiris. Perforation. The objects turn and the beam begins to crack in the breeze.

We're at the end of our rope, She said and nobody died. We didn't read between the lines, we say and She died.

Ella susurrándome. Él vociferando: "Dame algo que nombrar". Algo, alguien. Álguienes. Yo no tengo nada que pretender, ni siquiera conozco la manera de nombrarme. No tengo nombre.

No hay blanco en el cálamo. *Trasiega el cálamo en la tinta y sabrás: Todo es negro hasta el blanco de la página. Trasiega el cálamo en la tinta y verás: Todo es negritud hasta el blanco del ojo.* Escribir no es un oscuro designio para perder el sentido. Escribir sin sentido es darle blanco a la forma, al fondo. Cada yo es el tálamo y tú eres a la manera del silencio: *los matices aún esperan por ti.*
No me resguardes en tu memoria: *Necesito ser.* No me resguardes en tu memoria: *Necesito estar. Vemos hacia la misma ventana.*

"No entiendo la muerte".

Her, whispering to me. Him, vociferating: "Give me something to name." Something, someone. I have nothing to claim, I don't even know how I was named. I have no name.

There's no white in the quill. *She dips the quill into the ink and you'll know: Everything is black even the white of the page. She dips the quill into the ink and you'll see: Everything is blackness even the white of the eye.* To write is not an obscure plan for losing consciousness. To write without meaning is to give white its form, in the end. Each I is the thalamus and you are in the manner of silence: *the shades still wait for you.*
Don't shelter me in your memory: *I need to exist.* Don't shelter me in your memory: *I need to be there. We look toward the same window.*

"I don't understand death."

LA AHORCADA

Ella se ahorcó
en una fecha inventada.

THE HANGED WOMAN

She hung herself
on a made-up date.

Le contaron que él abrió la puerta y ella se murió.

Una muerte que no debió ser. Una muerte absurda.
Una muerte tan extraña.

Escribir esto. Algo o alguien y, y, y sus diversas historias. Registros. Tonos poéticos. Una sinrazón momentánea. Un registro (de nuevo, te repites). Un despegar. Entonces se lo preguntan. Se repliegan los culpables. Algo o alguien que no está esperando. Ya no existe. Unos labios que se azoraron. Algo o alguien. Ella que es una esfera de cuerpo.
Todo sobre el aire.

Algo o alguien y, y, y esto es el lenguaje de los suicidas. Su atemporalidad.
La verticalidad del duelo. Comienza así. Algo o alguien es lo que permite que ella te defina. Una esperanza denominada. Pero tienes que nombrarla más
allá. Ser más allá.

La nota de suicidio fue emplazada.

Se dijo que se encontraría una diferencia.
¿Cuál habrá sido su casa? ¿Cuál habrá sido su causa?
Una lucidez hacia el final. Una modesta lucidez. Este suelo te pudo pertenecer.
Un diálogo espinoso. Acercarse, encasillarla. ¿Por qué? Ciertos temas no pueden ser abordados. Fue la única respuesta.

Heredaste el nombre pero eres un él. Así que no importa. No importa la inicial que te identifica con un cuerpo. "Y con la que has soñado tantas veces". Ella se mató. Un suicidio puede interpretarse como la esperanza de recalcar. Morir una y otra vez. "No quiero hablar de eso".

They told him he opened the door and she died.

A death that shouldn't have been. An absurd death.
A very strange death.

To write this. Something or someone and, and, and their various histories. Registries. Poetic tones. A momentary nonsense. A registry (again, you repeat yourself). A taking flight. So they ask themselves. The guilty withdraw. Something or someone that isn't waiting. It no longer exists. Some lips that are startled. Something or someone. She that is a sphere of body.
Everything about the air.

Something or someone and, and, and this is the language of suicides. Their atemporality. The verticality of sorrow. It starts like this. Something or someone is what allows her to define you. A denominated hope. But you have to name it
beyond. Be beyond.

The suicide note was put in place.

It was said that a difference would be found.
Which would have been her house? What would have been her cause?
A lucidity toward the end. A modest lucidity. This ground could have belonged to you.
A thorny dialogue. To draw near, to pigeonhole her. Why? Certain topics cannot be broached. It was the only answer.

You inherited the name but you are a he. So it doesn't matter. It doesn't matter which initial you use to identify yourself with a body. "And given what you have dreamt of so many times." She killed herself. A suicide can be interpreted as the hope of underscoring. To die over and over. "I don't want to talk about that."

Algo o su distancia de algo o ese alguien, que comienza a sobresalir. Le dan un nombre, espera una distancia. No existe. Aquí está.

Aquí está ella.

Soy algo o la distancia de esa cuerda. soy algo o la distancia de ella. Soy allá. Soy ella.
La más allá. Luz y, y,
y luz, te vemos allá. Te veo allá. Te veo. Allá.

Something or its distance from something or that someone, which begins to stand out. They give her a name, wait a distance. It doesn't exist. Here it is.

Here she is.

I am something or the distance from that rope. I am something or the distance from her. I am there. I am her. The most beyond. Light and, and,
and light, I'll see you there. I'll see you there. I'll see you. There.

AUTHOR'S ACKNOWLEDGEMENTS

I wrote *String Theory* little by little. The first poem dates from the beginning of 2007 and the last from the end of 2018. It took me more than ten years to complete a cycle of anxiety, sadness, and pessimism. I didn't do it alone. Below, I thank the people who accompanied me along this path.

Thank you to my mother Iris and my uncle Armando, who shared their stories about my aunt Karen; we still don't know if she died by suicide or was a victim of feminicide.

Thank you to my brother Adolfo who makes me laugh when I want to cry.

Thank you to Andrea Chapela for being my literary companion. We both won the Gilberto Owen National Literary Prize in 2018. Her for fiction, and myself for poetry, with this book. It was a shared dream that was made reality several years after having met as workshop partners, one of the other and vice versa, at the University of Iowa.

Thank you to Isabel Zapata for spending so many hours with me, writing together and rewriting apart. Also for giving me the title. At first, the text was called *Algo* [*Something*] and that something later became a little spark that, now, is a potent flame.

Thank you to Jeannette L. Clariond, María Fuentes, Ana Díaz-Conty, Ángeles Llamazares and the whole team at Vaso Roto for believing in *Teoría de cuerdas*. Thank you to the publications where some of these poems appeared, including *Letras Libres* (April 2021), *Periodico de Poesía* (March 2020), *Rio Grande Review* (Spring 2020), *Nueva York Poetry Review* (July-December 2020), *Hispamérica* (No. 123, 2019), *La Otra* (October 2020) y *Timonel* (August 2019). There is also a selection in English in *Folder Magazine* (August 2021), in a translation by The North American Free Translation Agreement/No American Fraught Translation Argument (NAFTA). Thank you to them: Gerónimo Sarmiento Cruz, Whitney Celeste DeVos, and Zane Koss, for giving a new tongue to this book.

Thank you to *De la aurora* by María Zambrano, and *Fatal Freedom* by Thomas Szasz, which I cite in a couple of fragments.

Thank you to "Simple Together" by Alanis Morissette and "Ella es un volcán" by La Unión.

Thank you also to Marcia Chi for giving me hope again.

And thanks to Gato Leo for teaching me to take care of myself and to care for others.

TRANSLATORS' ACKNOWLEDGEMENTS

The author and translators give thanks to the editors of *Folder*, where an excerpt of this manuscript appeared previously.

We would also like to extend our appreciation to Cardboard House Press editors Ilana Luna and Giancarlo Huapaya for their careful readings of our work, and the probing questions and inventive suggestions they offered throughout the editorial process. The nuances of the final translation owe much to them.

Finally, we are grateful to Karen Villeda: for writing this powerful poem, for trusting us with her work, and for guiding us as it became *String Theory*.

Karen Villeda was born in Tlaxcala, Mexico in 1985. To date, she has published three nonfiction books, seven collections of poetry, and three children's books. Her most recent are *Teoría de cuerdas* (Vaso Roto, 2023) and *Anna y Hans* [Anna and Hans] (Fondo de Cultura Económica, 2021). Her work has been recognized with over fifteen literary prizes, including the 2018 Gilberto Owen Prize, and has been translated into several languages including German, Arabic, French, Greek, Portuguese, and English. Her book *Dodo* is held in the US Library of Congress's Archive of Hispanic Literature on Tape, one of only a handful of works by women writers from Mexico to form part of this collection. In 2015, she participated in the International Writing Program at the University of Iowa and, in 2018, was a Resident Writer at the Vermont Studio Center. In 2021, she received the Golden Page Fellowship, for writers under the age of forty. Her work has received support from the Pollock-Krasner Foundation, Open Society Foundations, Ragdale Foundation, Central European University, Under the Volcano, the Fondo Nacional para la Cultura y las Artes and the Sistema de Apoyos a la Creación y Proyectos Culturales. Learn more at her multimedia literature website, www.poetronica.net.

The North American Free Translation Agreement/No America Fraught Translation Argument (NAFTA), ratified in 2019, currently consists of three poets writing from the occupied territories of Canada, Mexico, and the United States: Whitney Celeste DeVos, Zane Koss, and Gerónimo Sarmiento Cruz. Together, they are the translators of Hugo García Manríquez's *COMMONPLACE / Lo Común* (Cardboard House, 2022) and José Antonio Emmanuel's *La Anarquía explicada a los niños* (Triangle Square, 2025). Their collaborative translations of Jesús Arellano Meléndrez's "poelectrons" have also appeared in *Denver Quarterly*.

CONTENTS

7 / TRANSLATORS' NOTE

12 / PRIMERA PARTE

13 / PART I

96 / SEGUNDA PARTE

97 / PART II

143 / AUTHOR'S ACKNOWLEDGEMENTS

145 / TRANSLATORS' ACKNOWLEDGEMENTS

147 / BIOGRAPHICAL INFORMATION

www.ingramcontent.com/pod-product-compliance
Lightning Source LLC
Chambersburg PA
CBHW040009080526
44586CB00028B/2933